Ella Spychalski

Jahresringe

Gereimtes und Ungereimtes

Spychalski, Ella:

Jahresringe

Gereimtes und Ungereimtes

Herstellung und Verlag:
Books on Demand GmbH,
Norderstedt

1. Auflage, 2005

Fotos: privat

Zeichnungen: Bruno Spychalski

ISBN 3--8334-4262-4

Für Anne-Marie

Inhalt

Jahreszeiten

Mädchen mit Lamm	11
Frühling I bis IV	12
Männerfrühling	13
Hausfrauenfrühling	13
Frühling	14
Frühlingslied	15
Er ist's I	15
Er ist's II	15
Kluge Regeln für kluge Bäuerinnen	16
Kalenderblätter	20
Amsellied	21
Sommergarten	22
Sommer	23
Septembervariationen I und II	24
Herbstgefühl	26
Oktoberträume	27
Herbstgedanken	28
Spinnfädenzeit	29
Nebelgedanken	29
Vergessener Friedhof	30
Heilige Nacht	31

Jahresringe

Jahresringe	35
Bilder der Kindheit	36
Momente	37
Sommer 1939	39
Zeit	39
Nähgedanken	40
Camperduin	41

Juist 41
Seealpsee 42
Alt-Hersonisos 43

Traumreisen

Blau 47
Blaue Blume 48
Aufbrechen 49
Traumreisen 50
Gesang 51
Mein Ort 52
Kinderglückhaus 52
Innenwelten 53
Danach 54
Nachruf 55
Das Schaf und ich 56

Haiku

Sommer-Haiku 59
Melancholisch 62
Tierisch 65
Blaue Gedanken 68
Fenster nach Osten 72

Spielereien

Weidenrößlein 77
Lenau-Variante 78
Heine-Variante 79
Erste Ausfahrt 80
Schneeball 82
Schüttelgereimtes 84
Limericks 85
Ballade vom Kindermund 86

Ostereier	87
Niederländisches Jubiläum	88
Pack die Badehose ein	89
Des Hasen Knabenkraut	91
Novembernacht	92
Von Raum und Zeit	93
Antirassistisches	93
Anmerkung I	95
Anmerkung II	96

Jahreszeiten

Mädchen mit Lamm

Sonntag im Frühling
Himmel aus wässrigem Blau
Wolken wie Watte

Sattgrüne Wiese
schmückt sich verwegen weißgelb
knospende Bäume

Das kleine Mädchen
führt an der Linken ein Lamm
lockt es mit Kräutern

Strahlende Augen
fest stehn die Beine im Gras
Zukunft kann kommen

(1995)

Frühling I

Naturbeschützer bauen wieder Krötenzäune,
Balkonbesitzer zeigen erste Sonnenbräune,
am Spielplatz backen Kinder Motschekuchen:
Kommt, lasst uns eine Frühlingswiese suchen.

Frühling II

Löwenzahn leuchtet aus saftgrünen Wiesen,
Eisdielen haben schon neue Markisen,
bei Spatzen und Katzen wird Hochzeit gehalten,
im Altenheim drüben bleibt alles beim Alten.

Frühling III

Auf den Straßen knirscht noch Granulat,
Schrebergärtner pflanzen Kopfsalat,
Autos putzt man blank vor jedem Hause,
wetten: Jetzt wird's Frühling mit Gebrause.

Frühling IV

Schlanke Birken schmücken sich verwegen,
flinke Meisen erste Eier legen,
Osterhasen in Regalen prangen,
Singles streicheln heimlich Babywangen.

Männerfrühling

Höchste Zeit, mal das alte Motorrad zu putzen,
höchste Zeit, sich den üppigen Vollbart zu stutzen,
höchste Zeit, eine brandneue Flamme zu suchen,
höchste Zeit, einen traumhaften Urlaub zu buchen.

Hausfrauenfrühling

Stiefel wegpacken,
Osterzopf backen,
Vorhänge waschen,
Hausfreund vernaschen.

Oder doch lieber:
Schränke aufräumen,
von Zärtlichkeit träumen.

(1994)

Frühling

Birkengrün leuchtet
Sehnsuchtsvoll flöten Amseln
Lüfte wehen lind

Lämmer auf Wiesen
Zupfen an spärlichem Gras
Träumen vom Sommer

Kinder am Strand
Spielen das uralte Spiel
Mit Wasser und Sand

Liebende träumen
Von einer Zukunft zu zweit
Ganz ohne Alltag

Schwere Traktoren
Kratzen ins Erdreich die Saat
Ohne Romantik

Greisin am Fenster
Träumt ihren trostlosen Traum
Für sie kommt kein Lenz

(1994)

Frühlingslied frei nach L.H.Hölty

Die Luft ist lau, das Tal wird grün,
im Garten duften die Narzissen.
Die süßen Düfte sind am zieh'n,
man wird sich wohl verlieben müssen.

Er ist's frei nach Mörike

Frühling hat jetzt Konjunktur,
Mofas kriegen neue Reifen.
Deo, Aftershave und Seifen
duften süß wie die Natur.
Sommersprossen blüh'n,
Allergien erstarken.
In der Werbung Sehnsuchtsmelodien:
Frühling, ja, du bist's,
dich woll'n wir vermarkten.

Er ist's auch nach Mörike

S' Frühjahr lasst sei' blaues Bändle
widder segle durch die Luft,
un en wunderbarer Duft
legt sich über unser Ländle.
Gugugsblume hat's un au Weidekätzle.
Horch, ihr Liebeslied singt unser Katz!
S' lenzelet fürwahr!
I' träum von mei'm Schätzle.

(1995)

Kluge Regeln für kluge Bäuerinnen

Januar

Bringt Januar viel Schnee und Frost,
dann, Bäurin, nutz die Zeit getrost,
setz auf dein freundlichstes Gesicht,
dem Bauern koch sein Leibgericht.
Wer um Dreikönig Honig rührt,
um Blasius das Zepter führt.

Februar

Nach Lichtmess, Bäurin, wird es Zeit
für ein gewagtes Fastnachtskleid.
Dem Bauern flicht 'nen Lorbeerkranz
und schlepp ihn ab zu Bier und Tanz.
Bis Simon lass das Frühbeet liegen,
doch Vorsicht; sauft nicht wie die Ziegen,
denn wer am Aschermittwoch reihert,
der hat am Dienstag schwer gefeiert.

März

Lässt der März die Knospen schwellen,
musst den Garten du bestellen.
Um Benedikt die Zwiebeln steck
und rück die Fuchsien aus der Eck.
Schlag auf den Katalog von Quelle,
was Schickes für den Lenz bestelle.
Bedenke: Wer im Winter schlemmt,
dem passt im März nicht Hos noch Hemd.

April

Wenn im April der Kuckuck schreit,
wird's für die Pflanzkartoffeln Zeit.
Um Quasimodogeniti
dich in die Spargelbeete knie.
Der Osterputz dem Hause frommt,
bedenk, die Schwiegermutter kommt.
Färbst du bei Vollmond hundert Eier,
dann gibt's ne schöne Osterfeier.

Mai

Schickt Pankratius starken Frost,
gibt im Herbst es wenig Most.
Blüh'n im Mai die Fliederbäume,
achte auf des Bauern Träume.
Nennt im Schlaf er Automarken,
muss dein Widerstand erstarken.
Wer Pfingsten hohe Schulden macht,
der hat die Zinsen nicht bedacht.

Juni

Beschert Medardus Sonnenschein
die Beeren werden gut gedeih'n.
Du, Bauer, schmeiß den Traktor an
und mäh' die Wiesen Bahn um Bahn.
Wenn bis Gervasius alle schuften,
das Heu wird in der Scheune duften.
Gibt's aber Regen unterdessen,
kannst du den ganzen Quatsch vergessen.

Juli

Im Juli gönn dir keine Ruh,
schaff Beer'n und Erbsen in die Truh'.
Füllst Kirschen du mit Rum in Flaschen,
dann gibt's im Winter was zu naschen.
Ist's Wetter um Alexis klar,
dann wird's ein gutes Erntejahr.
Gibt es Gewitter, tobt der Bauer,
und auch die Milch wird schneller sauer.

August

Hör, Bäurin, was du im August
in Haus und Feld beachten musst:
Die roten Rüben, Bohnen, Kohl
bei Zeiten aus dem Garten hol'.
Tisch' Braten auf vom Schwein und Rind,
damit die Drescher fleißig sind.
Ein kühles Feierabendbierchen
labt das Gemüt und auch die Nierchen.

September

Wenn über'm Dach der Vollmond steht,
dann streu' den Feldsalat aufs Beet.
Hörst du die wilden Gänse schrei'n,
dann hol die Kübelpflanzen rein.
Ist's um St. Lambert rein und klar,
nach Köln zur Gartenmesse fahr,
doch lass' den Bauer nicht zu Haus,
sonst wird es nichts mit Saus und Braus.

Oktober

Oktober bringt den Erntekranz,
das Schlachtfest und den Kirchweihtanz.
Das Haus richt' für Besuch jetzt her
und schick den Bauer zum Friseur.
Esst, trinkt und tanzt bis in den Morgen,
begrabt den Streit, vergesst die Sorgen.
Welkt Laub und Gras und Blum im Herbst,
bedenke, dass auch du mal sterbst.

November

Bringt der November graue Tage,
dann, Bäurin, nicht zu Haus verzage.
Geh' basteln im Gemeindehaus,
mal Seidenschals, schneid' Sterne aus.
Die Martinsgans in Butter brat'.
Dem Bauer gönn' den Dauerskat.
Halt ihn bei Laune und bedenke:
Das wirkt sich aus auf die Geschenke.

Dezember

Wenn der Dezember ist gekommen,
dann, Bäurin, muss dein Herz erfrommen.
Back' Spritzgebäck und Hutzelbrot,
den Armen hilf aus ihrer Not.
Zünd' Kerzen an zur Abendstunde
und hol' die Oma in die Runde.
Zum Fest beschenk die Lieben all,
vergiss auch nicht das Vieh im Stall.
Silvester schickt den Januar,
das Leben bleibt so, wie es war.
(1996)

Kalenderblätter

März

Märzsonne leuchtet aus seidigem Blau
leckt Schneefelder auf
lockt Blüte und Blatt
malt Sommersprossen auf Kindernäschen
macht Meisen munter
lässt Sehnsucht erblühn

Juli

Habe mir Kirschen gepflückt,
prall, rot und makellos rund.

Heimlich die Ohren geschmückt,
genüsslich verschmiert meinen Mund,

Steine gespuckt in den Wind,
für ein Weilchen ein glückliches Kind.

(2003)

Amsellied

Die Amsel lockt mit jubelnden Kadenzen
das Licht und schickt den müden Mond nach Haus

Ob seiner himmlischen Akustik wählt sie
den Dachfirst als Podest für ihr Konzert

Sie bringt die Nachtgeräusche zum Verstummen
der Dunkelheit Getier aus dem Konzept

Den Sonnenblumen sendet sie Signale
das schwere Haupt zu heben in das Licht

Mit ihren süßen Melodien singt sie
mir alle dunklen Träume aus dem Sinn

Am Mittag stiehlt sie mir die letzten Kirschen
und wird hysterisch wenn sie eine Katze sieht

(1997)

Sommergarten

Kantig die buchenen Bretter der Bank,
Plätschern der Pumpe lullt leise mich ein.
Sommerluft duftet nach Leben und Sonne,
Nach Rosen und Nelken und lila Levkojen.

Wasserfloh kräuselt das spiegelnde Nass,
Blauregen taumelt aus flirrendem Grün.
Hummeln berauschen sich toll am Lavendel,
Honiggeschmack liegt mir süß auf den Lippen.

Strahlen wie Gold wärmen wohlig die Haut,
Zeit für die Seele, ein Weilchen zu beten.
Hubschrauberlärm fällt aus seidigem Blau,
Rotor zerstückelt die Stunde des Pan.

(1994)

Sommer

Kinderbilder
prachtvoll pastellig gemalt
vom Sommer

Frühe Früchte zeigen Farben
voller Verheißung

Träume von Fohlen auf struppiger Weide
Gras federt hart

Heiterkeit perlt durch die Gedanken
Die Melodie des Lebens wird heute
in Dur gespielt

Bald wird Moll angesagt sein
Das ewige da capo

(1995)

September   von Hermann Hesse

Der Garten trauert,
Kühl sinkt in die Blumen der Regen.
Der Sommer schauert
Still seinem Ende entgegen.

Golden tropft Blatt um Blatt
Nieder vom hohen Akazienbaum.
Sommer lächelt erstaunt und matt
In den sterbenden Gartentraum.

Lange noch bei den Rosen
Bleibt er stehen, sehnt sich nach Ruh.
Langsam tut er die großen,
Müdgewordenen Augen zu.

September-Variation I

Am Hag die Sonnenblume trauert.
Die Weide neigt sich müd im Regen.
Es ist, als ob der Garten schauert
dem ersten frühen Reif entgegen.

Von Tropfen schwer fällt Blatt um Blatt
goldschimmernd vom Akazienbaum.
Im trüben Licht verliert sich matt
der leuchtend bunte Gartentraum.

Am Zaun die allerletzten Rosen
verwelkend sehnen sich nach Ruh.
Ich schlösse gern vor diesem großen
Vergehen meine Augen zu.

September-Variation II

Der Gartenzwerg im Winkel trauert,
ihm schadet dieser saure Regen.
Sein sanftes Gipsherz ängstlich schauert
dem ersten frühen Frost entgegen.

Es fällt ein fünfgefingert Blatt
vom goldgeflammten Ahornbaum
ihm aufs Gesicht, und nur noch matt
sieht er den bunten Gartentraum.

Er stünde lieber bei den Rosen,
und hätt' vor diesen Blättern Ruh.
Dort gäb's nur kleine, keine großen.
So gern schlöss' er die Augen zu.

(2002)

Herbstgefühl   von Nikolaus Lenau

Der Buchenwald ist herbstlich schon gerötet,
So wie der Kranke, der sich neigt zu sterben.
Wenn flüchtig noch sich seine Wangen färben.
Doch Rosen sind's, wobei kein Lied mehr flötet.

Das Bächlein zieht und rieselt, kaum zu hören,
Das Tal hinab, und seine Wellen gleiten,
Wie durch das Sterbgemach die Freunde schreiten,
Den letzten Traum des Lebens nicht zu stören.

Ein trüber Wandrer findet hier Genossen,
Es ist Natur, der auch die Freuden schwanden.
Mit seiner ganzen Schwermut einverstanden:
Er ist in ihre Klagen eingeschlossen.

Oktoberträume

frei nach „Herbstgefühl" von Nikolaus Lenau

Des wilden Weines Laub hat sich gerötet,
eh' es zur Erde segelt, um zu sterben.
Oktobergolden sich die Hecken färben,
ein müdes letztes Lied die Amsel flötet.

Meinst du im Schlaf des Kranichs Schrei zu hören,
durch deinen Traum die stolzen Vögel gleiten.
Siehst du feldein die Roggenmuhme schreiten,
schlaf ruhig weiter, keiner darf sie stören.

Hast deines Lebens Sommer du genossen,
bis mählich dir im Herbst die Kräfte schwanden,
sei mit dem ew'gen Kreislauf einverstanden,
sieh dich ins Universum eingeschlossen.

(2003)

Herbstgedanken

Wenn alle Sonnenblumen nicken müde,
die Rose wagt noch eine letzte Blüte,
der Schnittlauch ist schon nicht mehr zu gebrauchen,
Kartoffelfeuer auf den Feldern rauchen,

wenn Bettelbriefe täglich kommen mit der Post
und plötzlich weht ein kalter Wind von Ost,
wenn's Zwiebeln gibt und Möhr'n zu Sonderpreisen,
und Rentner kalkulier'n Mallorca-Reisen,

am Friedhof wird gegraben und geharkt,
und Spekulatius gibt's im Supermarkt,
wenn Morgennebel macht dein Herz beklommen,
und auch dein Rheuma ist zurückgekommen,

wenn Kranichruf verklingt in klarer Nacht,
der Igel müde sich vom Acker macht,
wenn Abschiedslieder heult der Sturm im Herbst,
dann, Mensch, bedenke, dass auch du mal sterbst.

(1995)

Spinnfädenzeit

Müde der Sommer
Milder und golden sein Licht
Spinnfäden wehen

Lautlos sich wiegend
senkt sich auf Gräber und Steine
welkendes Laub

Am Ende des Wegs
Frauen, vom Leben vergessen,
sitzen beisammen

Reden von früher
Spinnen ihr Märchen vom Glück
und von daheim

Heimliches Frösteln
zögernd nur geh'n sie nach Haus
von keinem erwartet

Nebelgedanken

Steckengeblieben
in diesem widrigen Wust
dunkler Gedanken

Morgen vielleicht
hilft mir die Heilerin Zeit
wieder heraus

(1999)

Vergessener Friedhof

Uralte Bäume
säumen vergessenen Weg
sinnlos ihr Schatten

Grabsteine neigen
müde der Erde sich zu
Davidstern bröckelt

Zeichen hebräisch
niemand erklärt ihren Sinn
Botschaft verstummt

Nachts unterm Mond
wiegt sich der Rabbi im Tanz
über den Gräbern

(1994)

Heilige Nacht

Für eine Weile alles vergessen:
Sorgen, Pflichten,
heimliche Erwartungen.
Einfach still werden
und das Bild erträumen,
tausendmal besungen,
tausendmal gemalt.

Die Nacht, der Stall,
Maria und Josef,
die Not der Geburt,
das Kind, das Glück.
Am Himmel der Stern,
Gesandter des Universums.
Über den Feldern
der Glanz der Engel,
ihre Botschaft, ihr Lied.

Und vielleicht
für einen kostbaren Augenblick
berührt werden
vom Wunder dieser Nacht.

(2003)

Jahresringe

Jahresringe

0 - 2	Mein wärmendes Nest in der Truhe aus Weiden Die nähende Mutter, das fiebernde Kind
3 - 4	Hier Enge und Armut inmitten der Stadt Dort zweites Zuhause im blühenden Dorf
5 - 7	Die Schule mit Hochdeutsch und städtischen Kindern Hier pass ich nicht hin, es geht mir nicht gut
13 - 17	Warum dieser Krieg, dieses Leid ohne Ende? Die Angst, das Entsetzen, sie machen mich krank
18 - 22	Hinein in das Leben, ich will es erfahren Will satt sein und schön sein und strahlend verliebt
23 - 30	Die Liebe, die Hochzeit, der Himmel voll Geigen mit nagendem Heimweh bezahl ich mein Glück
31 - 50	Die Ehe, die Söhne, die Eltern, das Haus In Pflichten und Sorgen mein Lachen verwelkt
51 - 65	Der Abschied, die Trauer, so nachtschwarz und schwer Woher kommt die Kraft mir, wie find ich den Weg
66	Die Rückkehr ins Leben mit Weinen und Lachen und heilsamen Pflichten, vor Augen das Ziel

(1996)

Bilder der Kindheit

Mutter
mit Fingerhut
mit Brennschere auch
Dein großes, fröhliches Herz
immer

Vater
blitzblaue Augen
Deine dunklen Locken
um meine Finger gewickelt
Kinderglück

Bruder
erster Beschützer
spielen, schwimmen, wandern
früher Gleichklang der Seelen
Freund

Puppe
unterm Tannenbaum
groß wie ein Baby
Kleidchen und Schuhe aus Wolle
mein

Handarbeitsstunde
endlose Mühe
nichts will gelingen
hier Lehrerin, dort Mutter
Kummer

Lieder
zur Laute
Nonni und Manni
Maialtar auf der Kommode
Traumzeit   (1994)

Momente

Bauernstube
am Abend
endlos der Rosenkranz
dann eifrig Schafkopf spielen
miteinander

Klavierstunde
mal wieder
nur zweimal geübt
die Lehrerin schaut traurig
schade

Wandern
im Schwarzwald
Bäume, Blumen, Bäche
Sehen, Staunen, Singen, Lachen
Heimat

Nächte
im Schutzraum
Sirenen, dann Bomben
lähmende Angst, hilflose Wut
davongekommen

Abend
bei Kerzenlicht
du und ich
Radio hören, Rotwein trinken
kuscheln

Häuschen
am Stadtrand
Pflichten und Freuden
mein Mann, meine Söhne
daheim

Kinderzimmer
Nachtgebet, Schlaflied
mein sanftes Kind
ganz nah bei mir
noch

Kreta
Ruinen bestaunen
den Sirtaki tanzen
Zeit und Raum vergessen
Glückstage

Taizé
gesegneter Ort
Beten und Singen
vielstimmig Laudate Omnes Gentes
unvergessen

Kattrup
mein Sohn
geht ins Licht
schenkt uns zum Abschied
Hoffnung

(2002)

Sommer 1939

Wiese am Waldrand
selbstvergessen im Spiel
glückliche Kinder

An Quelle und Bach
pflanzen sie Schlüsselblumen
ein Herd wird gebaut

Sie ahnen noch nicht
dass es nie wieder wird
wie in diesem Jahr

Zeit

Wenn ich es wüsste
Dass wenig Zeit mir bliebe
Wie nützte ich sie

Da wäre Musik
Früh am Morgen schon Lachen
Am Abend Gedichte

Freunde einladen
Köstliche Speisen kochen
Und Kuchen backen

(2000)

Traumziel: Das Sonett
zwei Strophen aus vier Zeilen
zwei Strophen aus drei Zeilen
unmöglich!

Nähgedanken

Nähplatz am Fenster
Teure Maschine auf edler Kommode
Zeit auszufüllen
nähe ich wieder und wieder ein Kleid

Meine Gedanken
gehen auf Reisen sind Mutter bei dir
Kannst du mich sehen?
Dir zu gefallen bleibt immer mein Ziel

Du nähtest auch
plagtest für uns dich oft bis in die Nacht
Karg war dein Lohn

Es ist zu spät
Nie hat begriffen das sorglose Kind
was du getan

(1994)

Camperduin/Holland

Küstenland unterm Wind
Sommertage voll Leben
Kinderlachen am Strand

Küstenland unterm Wind
Hinter den Strandhaferdünen
Das Häuschen randvoll mit Liebe

Küstenland unterm Wind
Sommertage voll Leben

Juist

Glückstageinsel
Zärtlicher Sand
In den Dünen, am Wasser
Im Kleid und im Haar

Jonathans Freunde
Silbern im Licht
Schreiben den Traum
Von der Freiheit ins Blau

(2001)

Seealpsee

Nachtblauer Bergsee
Ort meiner Träume
Am Morgen des Lebens
Vom Liebsten gemalt hundertmal

Wollte am Abend
Dein Lied ich singen,
Müsste ein Loblied
In leuchtenden Farben es sein

Den warmen Grundton
Gäbe die Liebe
Und Sehnsuchtsakkorde
Erklängen da capo – da capo

(2001)

Alt-Hersonisos/Kreta

Verwitterte Mauern erzählen vom uralten Dorf
Verträumt liegen Höfe und Winkel im gleißenden Licht
Eng hocken beisammen die Hütten als suchten sie Halt
Verlassen von Menschen und Tieren stirbt leise der Ort
Verborgen das Netz schmaler Gässchen
in wucherndem Grün
Beharrlich das Rot der Geranien vor Fenstern so blind
Hagere Greisin treibt stumm ihre Ziegen dorfaus
Gebeugt von der Last ihrer Jahre die dunkle Gestalt
Gegerbt von der sengenden Sonne die runzlige Haut
Todmüde geht Schritt sie für Schritt
ihren trostlosen Weg

(1995)

Traumreisen

Blau

Blaue Blumen
Blauer Himmel
Blaue Augen

Die Augen meiner Söhne
So schöne Augen
So schöne Söhne
Geschenke auf Zeit
Mir anvertraut

Hergeben war der Preis
Den einen an den Tod
Die anderen an das Leben
Wohin mit den Gefühlen
Trauern, Weinen
Zur Einsicht gelangen

Dem Toten seinen Frieden
Den Lebenden ihr Glück gönnen
Abstand ertragen
Sehnsucht verbergen
Bei mir selbst einkehren
Blaue Träume träumen
Kleine blaue Blumen pflücken

(2002)

Blaue Blume

Blume Romantik
besungen und heimlich erträumt
wer fände dich je

Dichtern und Träumern
schimmert dein zärtliches Blau
zur Dämmerstunde

Liebenden wohnst du
für eine Weile des Glücks
tief in den Herzen

(1999)

Aufbrechen

Aufbrechen
Einmal noch
Ganz sorglos
Ohne Plan
Einfach losfahren
Den Fahrtwind spüren
Die alten Lieder singen
Die Mühsal des Lebens
Vergessen

(1998)

Traumreisen

Immer wieder Traumreisen
ins Unvorstellbare Wunderbare leise Erahnte
Den Verstorbenen nah
Hoffnung auf Wiedersehen

Erwachen im Alltag
Altwerden Schmerzen Verzicht
Schwieriger Lehrpfad
Beklemmend ernüchternd mühsam
durch nebelgraue Täler

Ängste überwinden
Zukunftsbilder malen
und wieder träumen
vom Leben danach

(1998)

Gesang

Gesang
blüht auf
wärmt mir das Herz

Träumen
von meiner Wiese
Himmel Sonne Wolken Wind

Sehnsucht
bedrängt meine Seele
Heimweh Herzweh Tränen

Singen
einfach wieder jubeln
ganz loslassen im Lied

Vergessen
die Angst besiegen
Frieden finden für immer

Atmen
nur ruhig atmen
geduldig die Stille suchen

(2003)

Mein Ort

Die nimmer ruhende Frage
nach einem Ort
für meine
Sehnsucht
immer vergeblich
suche ich ihn
im Hier und Heute

Da ist dieses Wissen
um die Vergänglichkeit
all des
Geliebten
vielleicht irgendwann
sagt mir einer
wo mein Ort ist

Mein Kinderglückhaus

Mein Kinderglückhaus steht verlassen
Die Fenster verschlossen und blind
Kein Hahnenschrei tönt, kein Gebell
Mein Kinderglückhaus steht verlassen
Seinen Duft, seine Wärme, den Klang
Erschaffe ich in meinen Träumen
Mein Kinderglückhaus steht verlassen
Die Fenster verschlossen und blind

(2002)

Innenwelten

Manchmal, immer seltener, der Zorn.
Würgt im Hals, will mich besitzen.

Dann wieder Freude, leicht, beschwingt,
fährt in Arme und Beine,
will tanzen und singen.

Immer wieder, unausweichlich,
schwarze Trauer,
ein hässlicher Schwamm voll Bitterkeit,
liegt im Magen, macht mich krank.

Wieder die Sehnsucht, leise da,
nur mühsam verdrängt,
immer bereit, im Kopf zu nisten
das Herz schwer zu machen,
Seufzer zu locken.

Und Liebe, nicht nur im Herzen,
vielleicht in der Brust,
in den warmen Händen, in den Augen.
Wenn sie ein Du fände....

(2000)

Danach

Gestern
am Abend
die sterbende Frau
sie war so schön
danach

Heute
die Frage
nach dem Sinn
werde ich alles verstehen
irgendwann?

(1999)

Nachruf

Trauer um meinen Sohn
Klage und bohrende Frage
Sie bleibt das Grundthema
Ist immer da
Manchmal schläft sie
Nicht daran rühren

Gestern der tote Sperling
Andere Worte und Bilder
Die gleiche dunkle Frage

Heute die Sonnenblume
Halb geschlossen noch
Geknickt eh sie erblüht
Warum?

(1998)

Das Schaf und ich

Ach Schaf!
Mein Leben ist dem deinen ähnlich.
Am Anfang war ich das glückliche Lamm
auf der Löwenzahnwiese.

Bei dir dauerte dieser Zustand
einen Frühling lang,
bei mir muntere zwanzig Jahre.
Dann musste ich das geduldige Schaf werden.
Nur noch manchmal Blumenwiese,
meist Stoppelacker
und in der Herde gehen
und Geschorenwerden.

Ob es sehr alte Schafe gibt,
weiß ich nicht.
Ich glaube, die werden rechtzeitig geschlachtet,
bevor das Fell stumpf und ihr Fleisch kraftlos wird.

Ich jedenfalls muss weitermachen.
Und das sieht manchmal verdammt
nach viel Pferch und wenig Blumenwiese aus.

(2002)

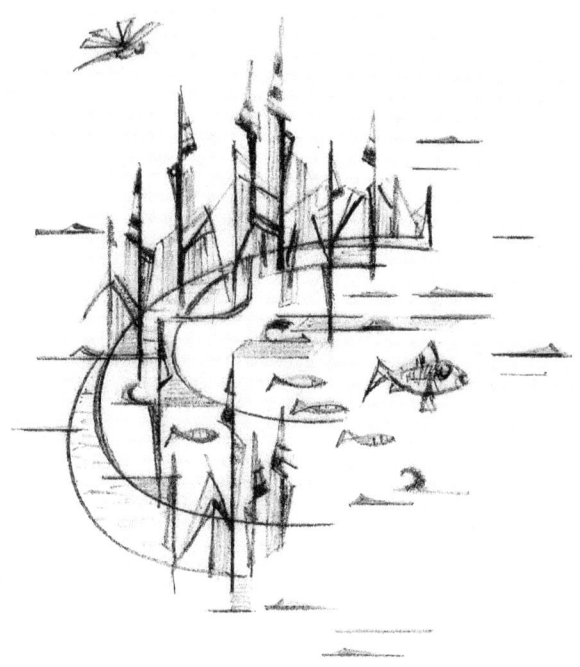

Haiku

Sommer-Haiku

Das kleine Mädchen
lief einem Schmetterling nach
es fiel und weinte

Am Strand die Kinder
spielen das uralte Spiel
mit Wasser und Sand

Lila Levkojen
süßer betörender Duft
die sanften Hummeln

Bleigrauer Himmel
Rauschschwalben üben Kunstflug
von ferne Donner

Die Abendsonne
gießt Purpur und Gold ins Meer
weit draußen ein Boot

Laue Sommernacht
Sternenhimmel und Stille
ein Martinshorn gellt

Die alte Dame
sitzt auf der Parkbank allein
ich gehe vorbei

Melancholisch

Der Sonnenbalken
Tanzende Sterne aus Staub
Eine Uhr tickt laut

Meinem toten Sohn
bin ich begegnet im Traum
Da war sein Lächeln

Einen Märztag lang
suchte ich Reime auf Lenz
Frost kehrte zurück

Im Dunkel der Nacht
das Kind meiner Nachbarn weint
Es ist auch allein

Der Greisin Antlitz
Augen die nicht mehr fragen
Das leise Lächeln

Der polierte Stock
steht in der Diele bereit
Wann brauche ich ihn?

Die Morgenzeitung
Druckfrisch von allen begehrt
Am Mittag uralt

Tierisch

Vor Sonnenaufgang
der Amsel jubelndes Lied
am Abend Unken

Mittag im Garten
die Maus rennt um ihr Leben
der Kater sonnt sich

Die schwarze Katze
sitzt auf dem Dachfirst allein
Sie träumt von Liebe

Im Zwinger der Hund
klagt seine Sehnsucht dem Mond
Am Morgen Schappi

Aus dem Kellerloch
hab ich die Kröte befreit
Sie hüpfte zurück

Holzwurmfamilie
hat die Kommode durchwohnt
Jetzt ist sie antik

Die Eintagsfliege
putzt jedes einzelne Bein
Sie nimmt sich viel Zeit

Blaue Gedanken

Komm sagt das Haiku
Bring deine blauen Träume
Wir spielen damit

Blume Romantik
Nachtblau blühender Traum
Dich suchen ist Glück

Wilder Lavendel
Duftendes Blau am Abend
Zikadenmusik

Die Waldbeerenzeit
Zum Sammeln tauge ich nicht
Mein Mund ist ganz blau

Der Strom im Mondlicht
Die Kiesel auf seinem Grund
Sie singen und singen

Ritterspornblüten
Zartes zerbrechliches Blau
Der weiße Falter

Blitzblaue Augen
Sanft und ein wenig traurig
Meines Vaters Blick

Blaue Blumen
Auf dem Grab meines Sohnes
Mehr bleibt nicht zu tun

Sehnsucht zu malen
Wähle ich weiches Pastell
Von Bleu bis Saphir

Dein graublaues Bild
Düster und voller Schatten
Nur ein Streifen Licht

Blaue Gedanken
In strenge Zeilen gebannt
Mühsal und Gabe

Fenster nach Osten

Fenster nach Osten
Der lila leuchtende Busch
Die Elstern kreischen

Duftender Kaffee
Brot und Butter und Honig
Ich bin ganz allein

Holunderblüten
Weiß leuchtend im Gegenlicht
Der strenge Geruch

Die Ahornzweige
Nur noch Blättergerippe
Zur Sonne geneigt

Zartlila Blüten
Das Kräutlein „Rühr mich nicht an"
Zwischen Brennesseln

Weg unterer Buchen
Vogellieder und Glocken
Meine Hüfte schmerzt

Spielereien

Weidenrösslein nach Goethe

Sah ein Cowboy ein Rösslein stehn,
Rösslein auf der Weiden.
Wieherte laut und zeigte die Zähn,
lief er schnell es nah zu sehn,
sah's mit vielen Freuden.
Rösslein, Rösslein, Rösslein schön,
Rösslein auf der Weiden.

Cowboy sprach: "Ich klaue dich,
Rösslein auf der Weiden."
Rösslein sprach: "Ich haue dich
mit den Hufen ganz fürchterlich,
denn ich will's nicht leiden."
Rösslein, Rösslein, Rösslein schön,
Rösslein auf der Weiden.

Und der wilde Cowboy fing
's Rösslein auf der Weiden.
Rösslein an dem Lasso hing,
bis ihm fast die Luft ausging,
musst es eben leiden.
Rösslein, Rösslein, Rösslein schön,
Rösslein auf der Weiden.

(1994)

Nikolaus Lenau: Bitte

Weil auf mir, du dunkles Auge,
übe deine ganze Macht,
ernste, milde, träumerische,
unergründlich süße Nacht!

Nimm mit deinem Zauberdunkel
Diese Welt von hinnen mir,
dass du über meinem Leben
einsam schwebest für und für.

Zauberdunkle Variation

Fühlst du dich einsam in der Nacht,
von Welt und Menschen ganz verlassen,
und packt die Sehnsucht dich mit Macht,
dann hilft nur eines: Du musst naschen.

Schließ auf des Kühlschranks ernste Tür,
hell auf sein mildes Zauberdunkel.
Es leuchtet träumerisch herfür
der Flaschen liebliches Gefunkel.

In dunklen Fächern unergründlich
ruht Köstliches zum Essen, Trinken.
Nimm, was dich lockt, und kaue gründlich
Und Deine Schwermut wird versinken.

Bedenke: Ist dein Herz in Not
Und hat dein Glück sich ganz versteckt,
hilft manchmal auch ein Schinkenbrot
und eine Flasche Aldi-Sekt.

(2001)

Heinrich Heine, Buch der Lieder:

Die Heimkehr

Teurer Freund, du bist verliebt,
und dich quälen Schmerzen;
Dunkler wird es dir im Kopf,
Heller wird es dir im Herzen.

Teurer Freund, du bist verliebt,
und du willst es nicht bekennen
Und ich seh' des Herzens Glut
Schon durch deine Weste brennen.

Badisch:

Mein lieber Freund, bisch du verliebt!
Du hasch jo richtig Kummer;
Dei' Denkvermöge isch getrübt
Vor lauter Herzgebummer.

Mein lieber Jolly, dich hat's packt.
Dogege gibt's kei' Mittel.
Do hilft kei' Leugne, jeder sieht's:
Dir brennt total der Kittel.

(1997)

Erste Ausfahrt

nach Johann Wolfgang von Goethe

Wer knattert so früh durch Nebel und Tau?
Es ist der Gerhard mit seiner Frau.
Sie hat das Steuer wohl in dem Arm,
sie fasst es sicher, sie hält es warm.

„Mein Gatte, was birgst du so bang dein Gesicht?"
„Siehst, Teuerste, du den Radfahrer nicht?
Den Stahlrosslenker auf Kreuzungsmitten?"
„Mein Guter, ich habe ihn schon geschnitten!"

„Mein liebes Frauchen, komm glaube mir,
gar viele Schilder zeige ich dir!
Manch rote Ampel gebietet dir Halt,
manch Schupoauge fixiert dich kalt."

Und die Kindlein im Fond, sie beginnen zu bangen:
„Sag Vater, wann werden zum Ziel wir gelangen?"
„Sei ruhig, bleibe ruhig mein Kind,
jetzt fährt sie schon achtzig, da geht es geschwind!"

„Mein Liebes, mein Liebes, und siehst du nicht hier
die Fußgänger beide ganz nahe vor dir?
So brems doch, sonst tötst du die Männer, die jungen!"
„Sei ruhig, sie sind schon zur Seite gesprungen."

Die Gänge, die Kupplung, sie sind schon so alt,
und sind sie nicht willig, so braucht sie Gewalt.
„Mein Vater, mein Vater, sie saust um die Ecke!"
„Seid ruhig ihr Kindlein, zu End ist die Strecke."

Dem Vater grausets, vor Gram ist er bleich,
die Hände ihm zittern, die Knie sind weich.
Erreicht ist die Kirche mit Mühe und Not.
Die Mutter, sie strahlt, ihre Wangen sind rot.
Sie fall'n auf die Knie, heben dankend die Hände
und preisen den Herrn für solch glückliches Ende.

(1969)

Schneeball („boule de neige")

Kunstspiel aus dem Französischen

Nein
heute nicht
es regnet wieder
da fällt mir doch
trotz Grübelns und trotz Träumens
nichts Lyrisches zum Thema Frühling ein
und schon gar nichts zum Thema Liebe
eher kann ich mir heute vorstellen
etwas über das stürmische Wetter
und seine belämmernde Wirkung
auf Leib und
auch Seele
hinzukritzeln

Aber
das hilft
mir auch nicht
aus dieser düsteren Stimmung
ich werde jetzt einfach versuchen
Sonnenschein und Blumen und schöne Männer
zu visualisieren und mich daran zu erbauen
schön farbig und sonnig und sinnlich
wenn ich dazu vielleicht noch
ein Glas Sekt hätte
dann wäre bald
mein Befinden
perfekt

Mister
Marc Twain
hat einmal gesagt
Schreiben ist nicht schwer
und weiter hat er gesagt
man muss nur die falschen Wörter
weglassen und da hat er ja recht
nur weiß man nicht so genau
welches die falschen Wörter sind
Das steht auch nicht
im neuen Duden
Womöglich reine
Glückssache

(2002)

Schüttelgereimtes

Warum nur soll ich sorgen mich,
wenn Roderich am Morgen sich
den allergrößten Teller schnappt
und damit immer schneller tappt,
bis er erreicht die Pappelgruppe,
wo wartet seine Krabbelpuppe.

Die ist, wie er, kein stummer Denker,
nein, beide sind sie dumme Stänker.
Die solln sich nicht um Kinder raufen,
statt dessen viele Rinder kaufen,
die auf der Weide gerne stehn,
wenn drüber nachts die Sterne gehn.

Es ist schon eine Seltenheit,
dass ihr, oh Männer, Helden seid.
So ist gar mancher Reiseleiter
in Wahrheit nur ein Leisereiter,
und auch so mancher Zeichenlehrer
sieht blass aus wie ein Leichenzehrer.

In keinem Falle tanzen wir
mit solch nem dummen Wanzentier.
Wir hassen diese tollen Fische,
doch lieben wir die vollen Tische.
Dann laufen wir zum Birkenwald,
denn Hülsenfrüchte wirken bald.

Kaum ist erreicht der Farnwurz,
ertönt ein leiser Warnfurz.
Hier endet dieses Epos sacht,
eh Ann-Marie sich Sorgen macht.

(1998)

Limericks

Ein armer Poet aus Tirol
schrieb Texte, die ziemlich frivol.
Das macht ihm Behagen,
doch nicht den Verlagen.
Die fanden ihn gar nicht so toll.

Ein Lottogewinner aus Zossen
hat seinen Erfolg schwer begossen.
Heut liest er verwirrt,
er hat sich geirrt,
doch hat er die Nacht sehr genossen.

Ein rüstiges Weiblein aus Staufen
wollt auch einmal Rollerskates laufen.
Sie fuhr nur ganz kurz,
dann gab's einen Sturz.
Jetzt muss nen Rollator sie kaufen.

Ein rüstiger Rentner aus Düren
tat jüngst seine Dritten verlieren.
Er sucht viele Stunden
und hat nichts gefunden.
Jetzt lässt er sein Essen pürieren.

Ne ältliche Dame aus Bautzen
tat häufig ihr Hündchen anschnauzen.
Wenn jetzt er laut bellt,
weil's Telefon schellt,
dann haut sen.

Ein munteres Mädchen aus Baden
hat unübertreffliche Waden.
Jetzt trägt sie Hotpants,
das freut ihre Fans,
doch wird ihrer Tugend es schaden.

(2005)

Ballade vom Kindermund

Im Kirschenbaum Klein-Martin saß,
wo er verbotne Früchte aß,
denn, was der Leser wissen sollte,
der Baum gehört dem Nachbarn Holte.

Des Nachbarn Frau, die dicke Grete,
fragt Martin, was im Baum er täte.
„Ich esse Kirschen", sprach der Knabe,
„wozu ich die Erlaubnis habe
von Ihrem Mann. Da kommt er eben,
der kann mir die Bestät'gung geben."

Darauf entbrannt, wie zu erwarten,
ein heftger Streit in Holtens Garten.
Die Frage stand alsbald im Raum:
„Wem eigentlich gehört der Baum?
Wer ist der Herr in unserm Garten?"
Ein Ehezwist war zu erwarten.
Das Kind indessen unverdrossen
hat Kirschen händevoll genossen.

Jetzt sprach der Gatte: „Kindermund
tut wohl auch hier die Wahrheit kund.
Und deshalb, Martin, sage mir:
Sahst du das Schild vor unsrer Tür?
Was steht darauf, tu laut es kund!"
„Vorsicht steht da, vorm bissgen Hund!"
Frau Holte schlug die Augen nieder:
Nie streitet sie vor Kindern wieder.

(2002)

Ostereier

Frühmorgens schon brachte Herr Meier
zum Wochenmarkt zweihundert Eier,
azurblaue, rote und gelbe,
die Form war bei allen die selbe.
Da war dieser Traum von Herrn Meier:
Heut mach ich zu Moos alle Eier!

Die Sonne vom Himmel hell lachte,
was immer viel Freude ihm machte.
Es säuselte sachte ein Lüftchen,
das brachte vom Fischstand ein Düftchen.
Dann gabs einen heftigen Knall,
im Eierstand lag jetzt ein Ball.

Zwei Knaben verdufteten leise,
er brüllte: „Ihr habt doch ne Meise!"
Die Fischfrau kam hurtig herbei,
zu sehn, ob zu trösten er sei,
was ohne Problem sie vermochte:
Es waren ja lauter Gekochte.

(2002)

Niederländisches Jubiläum

Den Haag feiert heut seine Bahnhofsmission,
seit einhundert Jahren besteht die jetzt schon.

Ein Baldachin wurde aus Holz konstruiert
und üppig mit Zwergazaleen verziert.

Am Abend ein festlicher Ball wird gestartet,
dazu wird sogar Beatrixe erwartet.

Auch Prinzgemahl Claus wird die Ehre sich geben,
der wird mit den Pennern mal flott einen heben.

Dazu gibt es Matjes und Gouda und Fritten,
so geht das in Holland, so sind da die Sitten.

(1997)

Pack die Badehose ein

Zum Landarzt sprach die Krankenschwester:
„Du bist und bleibst mein Allerbester.
Nur eines fehlt zu meinem Glück:
Du wirst mir langsam viel zu dick.
Pack deine Badehose ein,
am Sonntag wolln wir sportlich sein.
Ich möchte so gerne Tretboot fahren,
du weißt, das wünsch ich mir seit Jahren."

Der Sonntag kam, die Sonne schien,
die Beiden fuhrn zum Stausee hin.
Nach zehn Minuten ging – o Graus –
dem PKW die Puste aus.
Sie hatten eine Autopanne,
die kam gelegen unserm Manne.
Erst stieg er aus, dann schritt er stumm
gemessen um das Fahrzeug rum.

„Reichst du mir bitte", sprach er dann,
„sogleich den Wagenheber an.
Und bitte, mach nicht so'n Gesicht,
ins Tretboot steig ich heute nicht.
Jetzt wechsle ich die Räder aus,
und danach fahren wir nach Haus.
Ich komme mir so schmierig vor,
als käm ich aus dem Abflussrohr.

Die liebe nette Krankenschwester
haucht freundlich „Du hast recht, mein Bester.
Wir fahren jetzt direkt nach Hause
und machen eine schöne Pause.
Im übrigen werd' ich gleich morgen
zwei Mountainbikes für uns besorgen.
Dann kriegen wir, das seh' ich schon,
bald eine prima Kondition."

Der dicke Doktor ärgert sich:
„Mit deinem Quatsch verschone mich.
Mit diesem strapaziösen Treiben
kannst du mir gern gestohlen bleiben.
Soll ich vielleicht noch Fallschirmspringen,
zum Fitness-Studio auf mich schwingen?
Ich find mich gut mit meinem Bauch,
und – bitte schön – tu du das auch!"

(2000)

Des Hasen Knabenkraut

Aus der Grube hüpft's Häslein,
mümmelt Blumen und Gräslein.
Dazu braucht es kein Messer,
frisch gerupft schmeckt es besser.

Des Knabenkrauts Saft
schenkt Mut ihm und Kraft
und stärkt ihm die Lenden,
sein Schicksal zu wenden.

Es lächelt versonnen,
ahnt tierische Wonnen.
Die Äuglein, die feuchten
wie Spiegelein leuchten.

Jetzt schlägt's einen Haken.
„Heut will ich es wagen,"
verkündet es laut,
„ich such mir ne Braut!"

(2004)

Novembernacht

Novembernacht – Novembernacht
Der Mond hat sich davongemacht
In Bärtchenmoos und Bilsenkraut
der Nebel böse Träume braut

Es schleicht die Angst in Mädchenherzen
Vorbei des Sommers Lust und Scherzen
Es steigt der Barbitur-Konsum
Die Furcht geht um – die Furcht geht um

Des Fleisches Lust ersterben muss
Der Geist fleht zu Archangelus
Der spendet via Ätherleib
des Himmels Trost dem bangen Weib

Dezember kommt – Dezember kommt
Adventlich manches Herz erfrommt
Wenn froh erschallt des Cherubs Jubel
die Maid versinkt im Weihnachtstrubel.

(1996)

Von Raum und Zeit

Wenn du erblickst die Morgenröte,
dann weißt du, es ist noch nicht spöte.
Hinwieder scheint der Abendstern
vermutlich nur am Abend gern.

Wenn hoch im Blau die Möwe schreit,
dann ist bestimmt das Meer nicht weit.
Wo sanft der Schäfer treibt die Schnucken,
da kannst du in die Heide gucken.

Dagegen ist für Dromedare
nur Wüstensand das einzig Wahre.
Und hiermit endet mein Gedicht,
denn noch viel blöder geht es nicht.

Antirassistisches

Negerküsse, Negerküsse,
außen Schoko, innen Süße.
Wenn auch noch so gut ihr schmeckt,
seid politisch nicht korrekt.

Mohrenkopf klingt auch nicht besser
(ziemlich nah bei Menschenfresser),
nenn dich drum im Stil der Zeit
Afrikaner-Zärtlichkeit.

(2004)

Anmerkung I:

Das Haiku

ursprünglich ein japanisches Kurzgedicht, ist ein Dreizeiler mit fünf Silben in der ersten Zeile, sieben Silben in der zweiten Zeile und fünf Silben in der dritten Zeile.
Diese sollen sich auf etwas Gegenständliches aus der Natur beziehen, dieses in konkretes Geschehen einbetten, das in einer überraschenden Wende von der zweiten zur dritten Zeile eine Verallgemeinerung erfahren soll.

Elfchen

sind kurze Texte aus fünf Zeilen.
Die Zeilen bestehen jeweils aus
einem Wort
zwei Wörtern,
drei Wörtern,
vier Wörtern und wieder
einem Wort.
Zusammen sind das elf Wörter des Elfchens.

aus: Musenkussmischmaschine
von Bettina Mosler und Gerd Herholz
Verlag Neue Deutsche Schule, Essen 1992

Anmerkung II:

Die Klugen Regeln für kluge Bäuerinnen auf den Seiten 16 bis 19 wurden in der Fachzeitschrift Obst & Garten, Verlag Eugen Ulmer, Stuttgart, veröffentlicht.
Die Kalenderblätter auf Seite 20 sind im Flora-Garten-Kalender 2004, Verlag Eugen Ulmer, Stuttgart, unter dem Pseudonym Helene Berberich erschienen.

Die Gedichte auf den Seiten 75 bis 80 sind das Ergebnis von Schreibspielen.
Es wurde spielerisch eine Reihe von Vokabeln festgelegt, die dann zu gereimten Texten verarbeitet werden sollten.
Hier die Titel der so entstandenen „Gedichte" und die jeweils vorgegebenen Begriffe.

Ostereier:
Eier, rot, frühmorgens, immer, Sonne, azurblau, Lüftchen, Knall, Meise, Traum.

Niederländisches Jubiläum:
Abend, Azalee, Bahnhofsmission, Baldachin, Ball, Beatrice.

Pack die Badehose ein:
Landarzt, Krankenschwester, Badehose, Tretboot, Autopanne, Wagenheber, Abflussrohr, Fahrrad, Fallschirmspringer, Fitnessstudio.

Des Hasen Knabenkraut:
Knabenkraut, Messer, Grube, Lächeln, Spiegel.

Novembernacht:
Bärtchenmoos, Barbiturat, Archangelus, Ätherleib, Cherubim.

www.ingramcontent.com/pod-product-compliance
Lightning Source LLC
LaVergne TN
LVHW051957060526
838201LV00059B/3690